기독교문서선교회 (Christian Literature Center: 약칭 CLC)는 1941년 영국 콜체스터에서 켄 아담스에 의해 시작되었으며 국제 본부는 미국 필라델피아에 있습니다. 국제 CLC는 59개 나라에서 180개의 본부를 두고, 약 650여 명의 선교사들이 이동도서차량 40대를 이용하여 문서 보급에 힘쓰고 있으며 이메일 주문을 통해 130여 국으로 책을 공급하고 있습니다. 한국 CLC는 청교도적 복음주의 신학과 신앙서적을 출판하는 문서선교기관으로서, 한 영혼이라도 구원되길 소망하면서 주님이 오시는 그날까지 최선을 다할 것입니다.

진정한 회개는 생활의 변화까지 따라야 합니다. 진정한 회개와 용서를 찾아보기 힘든 시대에 요셉의 용서 이야기는 마음속 깊은 울림으로 남습니다. 『용서-크리스천 감정치료 노트』는 용서를 현실생활에 대입하려는 진정성이 담겨 있습니다. 용서에 관한 하나님의 깊은 뜻을 일깨워주는 책이라고 생각합니다.

홍정길 목사　남서울은혜교회 원로목사, 밀알복지재단 이사장

『용서-크리스천 감정치료 노트』에서 형제들에 대한 요셉의 심판은 공동체 회복의 방향성을 가지고 있습니다. 거짓과 생명을 해하는 행동은 어떠한 경우에도 용납되어서는 안 된다는 분명한 기준을 가지고 있으면서도, 형들의 그릇된 삶의 태도를 교정해주며 용서와 사랑을 실천하고 있는 요셉은 법의 근본정신을 누구보다 잘 깨닫고 있는 현인(賢人)입니다.

『용서-크리스천 감정치료 노트』는 범죄를 저지른 형들이 적절한 과정(process)를 통해 잘못을 뉘우치게 한 후, 그들이 죄로부터 돌아선 후에는 감정을 넘어선 용서를 선포하며 깨어진 공동체를 회복시키는 하나님의 대리인(agent) 요셉의 이야기입니다. 문학과 심리학 그리고 신학에 정통한 작가의 손을 거쳐 성경 속의 이야기가 짧고 간결한 문장으로 의미있게 전달되고 있습니다. 이 책을 통해 옳고 그름을 넘어서 통합과 화합으로 나아갈 수 있는 새로운 깨달음을 얻게 되길 바라며 일독을 권합니다.

박상범 변호사　법무법인 세광변호사, 선플달기운동본부 이사

지성(知性), 덕성(德性), 야성(野性), 영성(靈性)은 자신과 세상을 향한 그리스도인의 기본이며, 믿음의 거목(巨木)들이 보여준 삶의 내용입니다. 『용서-크리스천 감정치료 노트』는 애굽이라는 세상 한복판에서 당당히 하나님을 보여준 사성(四性)의 사람 요셉의 이야기입니다.

'내게 펼쳐진 삶의 정황을 하나님의 뜻으로 해석하는 믿음의 능력'을 가진 요셉의 용서는 만만치 않은 세상에서 우리가 훈련해 가야 할 가장 큰 사랑, 용서에 대한 귀하고 가치 있는 책입니다.

신용백 목사 시냇가푸른나무교회 담임, 전 국방부 군종실장

한 식구였던 요셉과 형제들의 갈등과 화해의 이야기는 감동적입니다. 『용서-크리스천 감정치료 노트』는 용서하기도, 용서받기도 어려운 시대를 살아가는 우리들에게 감정을 넘어선 화해가 무엇인지 깨닫게 해줍니다. "우리에게 죄지은 자를 용서해 준 것 같이 우리의 죄를 용서하소서"라고 예수께서 가르치신 기도를 항상 하면서도 실상은 용서하려 하지 않으며, 용서받지 못하는 막힌 관계 속에서 살아가는 그리스도인들에게 믿음으로 용서하는 화해의 과정에 대해 다시 한번 생각해볼 수 있게 해주는 길잡이입니다. 따뜻한 마음으로 이 책을 추천합니다.

장 상 박사 세계교회협의회 공동회장, 통일미래로 대표, 전 이화여대 총장

용서

크리스천 감정치료 노트

용서-크리스천 감정치료 노트

2018년 8월 10일 초판 발행
지은이 박상준

편집	|	정재원
디자인	|	박인미
펴낸곳	|	(사)기독교문서선교회
등록	|	제16-25호(1980.1.18)
주소	|	서울특별시 서초구 방배로 68
전화	|	02-586-8761~3(본사) 031-942-8761(영업부)
팩스	|	02-523-0131(본사) 031-942-8763(영업부)
이메일	|	clckor@gmail.com
홈페이지	|	www.clcbook.com

ISBN 978-89-341-1846-6 (03230)

이 도서의 국립중앙도서관 출판시 도서목록(CIP)은
서지정보유통지원시스템 홈페이지(http://seoji.nl.go.kr)와
국가자료공동목록시스템 (http://www.nl.go.kr/kolisnet)에서
이용하실 수 있습니다. (CIP제어번호: CIP2018021361)
이 책의 저작권은 저자와 (사)기독교문서선교회가 소유합니다.
신저작권법에 의하여 한국 내에서 보호받는 저작물이므로
무단 전재와 무단 복제를 금합니다.

용 서

크리스천 감정치료 노트

박상준 지음

차례

추천사   홍정길 목사 외 3인   1

머리말   8

1. 시기와 질투   17
2. 미움   21
3. 유산   25
4. 모함   29
5. 관리들의 꿈   32
6. 벧엘의 꿈   36
7. 파라오의 꿈   40
8. 파라오의 반지   44
9. 재연   48
10. 없어져 버린 동생   52

11. 고통의 소리 55

12. 되찾은 식탁 58

13. 요셉의 은잔 61

14. 이스라엘 65

15. 용서의 기억 70

16. 용서 74

17. 하나님의 깊은 뜻 78

18. 하나님의 CEO 81

19. 하나님의 함께하심 84

20. 아브라함과 이삭과 야곱 그리고 나의 하나님 88

에필로그 91

머리말

"큰 고통을 느꼈던 사람들을 위한 위로"

우리는 가끔씩 '누구나 넘어지면 아프다'는 단순한 사실을 잊어버리곤 한다. 공감하는 과정에서 가장 중요한 것은, 상대방이 통증을 호소하고 있다면 그것이 사소한 일이라 할지라도 그 사람의 입장에서는 분명히 고통스러웠겠다는 사실을 그대로 인정해주는 것이다.

3층에서 2층으로 떨어진 사람과 3층에서 1층으로 떨어진 사람 중에 누가 더 아플까?

낙차에 따른 고통의 크기는 다를 수 있지만 그들이 바닥에 떨어질 때 두 사람 모두 충격을 받는다는 사실은 부인할 수 없다. 누군가 우리에게 우리가 경험했던 고통보다 사소해 보이는 일을 호소할 때에도 그들이 느꼈을 충격과 고통에 "아팠겠다!"고 반응하며 공감해줄 수 있다.

오늘날 우리는 상대방의 아픔에 대해 조금씩 무뎌

져 가는 시대에 살고 있다. 그것은 성경에 기록된 요셉의 기막힌 이야기들이 무감각하게 읽힐 정도로 억울한 사연들이 우리 주변에서도 되풀이되고 있기 때문일 것이다.

어쩌면 이 글을 읽고 있는 당신이 요셉보다 더 큰 고통을 겪었던 사람일지도 모른다. 무슨 말보다 당신 곁을 묵묵히 지켜주는 동행이 가장 진실한 위로가 될지도 모르지만, (당신의 이야기보다 사소해 보일지도 모르는) 필자의 여행 이야기가 당신에게 작은 위로가 될 수 있다면, 당신의 마음속에서 침묵의 병이 되어 버린 상처들을 위해 용서의 여행을 떠나보려고 한다.

내가 아직 20대일 때, 통장에 모아놓은 600만원을 가지고 인도로 봉사활동을 떠난 적이 있다. 그 봉사활동이 끝나면 한국으로 돌아와 아무것도 없는 상태에서 모든 것을 다시 시작해야만 했다. 인도에서 했던 봉사활동은 특별한 것이 아니었다. 단지 나보다 더 가난하고 비참한 상황에 놓인 사람들과 함께 평범한 일상을 살았던 것이 전부였다.

마더 테레사 수녀가 섬김의 삶을 살았던 테레사 하우스에 가기 위해 캘커타 행 기차에 올랐을 때, 나는 이미 열대성 바이러스에 감염되어 있었다. 원인을 알 수 없는 고열과 진통으로 캘커타에 도착하자마자 병원에 입원해야 했다.

며칠간은 혼수상태에 가까웠다. 정신을 차리고 나서는 죽을지도 모른다는 공포와 싸워야 했다. 함께 봉사활동을 하던 동생에게 유언을 했다. 만약 죽게 되더라도 너무 슬퍼하지 말고 교회 공동체에 피해가 가지 않도록 잘 마무리해달라는 말이 전부였다.

동생을 내보낸 후 혼자 남은 병실에서 참고 있던 눈물이 터져 나왔다. 한국에 있는 어머니가 보고 싶었다. 몇 년간 전신마비 장애를 앓았던 아버지를 떠나보내시고 혼자가 된 후에도 자녀들을 위해 묵묵히 뒷바라지하시던 어머니의 품이 그리웠다.

놀랍게도 하나님은 내 마음의 소원을 들어주셨다. 며칠간 나를 간호했던 어머니 나이 또래의 인도 간호사가 울고 있는 나에게 다가와 "엄마, 여기에 있다. 울지 마라 우리 아가."라고 말하며 나를 꼭 안아주었던 것이다.

며칠간 혼수상태로 계속해서 잠을 잤지만, 한 참을 울고 난 후에 나는 다시 한번 깊은 잠에 빠져들었다.

"We love because he first loved us."(우리가 사랑함은 그가 먼저 우리를 사랑하셨음이라, 요일 4:19)

깊은 잠 속에서 빠져 들어가면서 내 곁을 떠나지 않고 맴돌고 있던 말씀이었다. 그것은 '나와 아무런 연고가 없는 인도사람들을 돕기 위해 왜 내가 이곳까지 와야 했는가?'라는 마음속 깊은 곳에 있었던 질문에 대한 답이었다.

잊고 있었던 오래된 기억들이 꿈속을 스쳐지나갔다. 그것은 꿈속의 꿈 안에 있었고, 꿈속의 또 다른 기억이었다.

중학교 때의 일이다. 학교에서 길을 걷고 있는데 아무런 이유 없이 벽돌을 집어던져 나를 병원에 입원하게 했던 동창생이 있었다. 아버지는 아들을 입원시킨 그 친구를 조건없이 용서했다. 당장의 책임은 면하게 되었지만 그 사건 후에도 그 친구는 조금도 변화되지 않았다.

어느 날 그 동창생이 공용 주전자에 오줌을 누고 있는 장면을 보고 선생님을 찾아가 그 친구가 주전자에 오줌을 누는 장면을 보았다고 이야기하였다. 그러자 더 이상 문제를 만들고 싶지 않았던 선생님은 다른 사람들에게 그 사실을 발설하지 말라며 윽박지르며 겁을 주었다. 모두 잊었다고 생각했는데 그 사건들에 대한 억울한 감정이 용서되지 않고 오래도록 내 마음속에 쌓여있었다.

아버지에 대한 서운한 마음도 있는 그대로 느껴지기 시작했다. 아버지가 돌아가신 후에 병든 아버지를 애써 돌보면서도 아버지에 대한 실망과 서운함을 느끼던 내 생각 때문에 아버지가 돌아가셨을지도 모른다는 왜곡된 죄책감에 고통스러웠다.

내 잘못이 아니었지만 내 잘못처럼 느껴졌다. 그래서 나는 더욱 나와 그들을 용서할 수 없었다. 죽음의 문턱에 가서야 무의식 속에서 내가 움켜잡고 있던 이미 죽어버린 옛 시간들을 흘려보낼 수 있었다. 잊어버렸다고 생각했던 오래전 그 일에 대한 하나님의 생각은 진정한 회복과 용서의 과정을 통해 나라는 사람을 성숙시키려는 것이었다.

다시 시간이 흐르고 미국 변호사인 지금의 아내를 만나서 사랑을 하고 결혼을 했다. 아내는 아름답고 성숙한 사람이었다. 결혼을 할 당시에 아내는 넓고 안락한 부유한 집에 살고 있었고, 나는 신촌의 작은 고시원에 살고 있었다. 사내변호사로 오래 일했지만 어려운 사람들을 돕는 일에 힘쓰던 아내는 나와 결혼한 후에 누추한 전세방으로 이사해야 했다. 그것이 여성에게 얼마나 어려운 일이고 또 나에 대한 헌신이었는지 그때는 알지 못했다.

어느 날 아내와 함께 집 근처에 있는 인도음식점에서 식사를 하면서 인도를 떠나 한국으로 오면서 모든 것을 용서했다고 믿었던 내 마음속에 아직도 해결되지 않은 억울함이 남아 있다는 것을 알게 되었다.

식사를 하면서 아내와 함께 지나간 아픔들과 용서되지 않는 감정에 대한 솔직한 이야기들을 나누었다. 아내는 나의 지나간 아픔을 이미 지나가 버린 옛이야기로 듣지 않았다. 바로 지금 억울한 일을 당하고 집으로 돌아온 중학교 1학년 아이를 달래주듯 조용히 나의 등을 쓰다듬어 주었다. 그리고 카운터에서 종이와 연필을 빌려와 그 사건에 대한 판결문을 써주었다.

아내가 써준 판결문을 손에 들고 집으로 돌아오는 길에 섬광처럼 머리속을 스쳐 지나가는 생각이 있었다. 내가 대갚지 않아도, 그들이 죄책감도 느끼지 않고 편하게 살아간다 할지라도, 그들이 잘못을 뉘우치지 않는다면 하나님은 모든 진실을 잊지 않고 있음이 분명하다는 생각이었다.

나는 그때서야 아내와 함께 울며 그 판결문을 찢어버리고 무릎을 꿇고 그들의 죄를 용서해 달라고 기도할 수 있게 되었다. 그 사건 후에도 학교생활을 하면서 다른 친구들과 선생님에 대한 신뢰를 잃어버리지 않았다는 것이 오히려 다행스럽게 느껴졌다.

다시 시간이 흐르고 나는 두 아이의 아빠가 되었다. 내가 어린아이였을 때, 아버지가 밤마다 내 방문을 열고 들어와 머리카락을 쓰다듬어 주며 "사랑하고 축복한다"는 말을 반복했다는 사실을 나는 알고 있다. 그 기억들은 나의 마음속 어딘가에 각인되어 나도 내 아이가 잠들 때마다 머리를 만져주며 사랑한다는 고백을 하게 되었다.

그것은 내가 아버지로부터 받은 선물이었다. 내가 애타게 찾을 때 내 곁에 있어주지 않았지만, 지금도 내 안에서 숨쉬고 있는 아버지의 흔적들을 발견할 때마다 아버지에 대한 서운한 감정들은 반짝이는 슬픔과 고마운 감정으로 바뀌어 갔다.

하나님은 모든 사건들을 통해서 용서와 회복의 시작은 우리를 먼저 사랑하신 하나님의 사랑 안에 이미 존재하고 있었다는 명확한 사실을 깨닫게 하셨다.

내 마음속 깊은 곳에 반짝이는 기억들을 남겨주신 아버지와 언제나 따뜻하게 안길 곳을 마련해주는 어머니 강성란 선생님에게, 이 세상 누구보다 사랑하는 아내 이신혜와 두 자녀 은호와 은성에게, 늘 함께 있음에 감사하게 되는 형과 누나에게, 모든 용서와 회복의 근원이 되시는 좋으신 하나님 아버지께 깊은 감사를 드리며, 이 책을 읽는 모든 분들의 마음속에 '용서와 회복'이 있기를 두 손 모아 기도드린다.

"시기는 질투보다 원초적인 감정이며

경쟁자에 대한 증오를 포함한다."

멜라니 클라인

1. 시기와 질투

●

열일곱 어느 날,
나는 은 이십에 팔려 노예가 되었다.
그것은 감정의 형벌이었다.

형들의 시기와 질투는 늘 거미줄처럼 뻗어있어서
사소한 일에도 감정이 상했다.
우리는 배다른 형제였다.

아버지는 나의 어머니를 사랑했었다.
유난스럽게 정직했던 나의 마음은
그들의 신뢰가 만들어 낸 선물이었다.

내 동생을 낳던 날,
어머니의 고통스러운 비명소리가 온 집에 가득했다.
아기의 울음소리가 터져 나오고서야
그 소리가 멈췄다.

어머니는 아기를 바라보며 슬프게 울었다.
안타까운 시선으로 동생과 나를 번갈아 바라보던
어머니의 숨소리는 결국 고요한 시간 속으로
사라져 갔다.

죽음과 슬픔은
시기와 질투를 잠잠하게 만드는 힘이 있었다.
고통스러운 슬픔과 함께 영원히 사라져버린 줄 알았던
시기와 질투는 나를 통해 어머니를 기억해내는
아버지의 사랑과 함께 되살아났다.

죽음 이후에도 이어져가고 있는 내 어머니와 아버지의
사랑이, 형들에게는 짓밟고 싶은 것이었다.

성경 코칭노트

네 명의 아내 중에서 야곱이 결혼하기를 원했던 것은 요셉의 어머니 라헬뿐이었다. 안정적이고 신뢰할 수 있는 부부 관계는 요셉의 마음속에 다른 사람을 신뢰하고 수용할 수 있는 공간을 마련해주었다. 요셉은 그 존재 자체만으로도 인정받을 수 있는 축복 속에서 자라왔다.

반면에 요셉의 형들은 자신들을 수용하고 안아주는 선하고 믿을 수 있는 부모를 경험하지 못했다.

그들은 자신이 가지고 있지 않은 요셉의 선함을 망가트리려 하였다. 성경은 인간이 가지고 있는 근원적이고 구조적인 악들을 있는 그대로 표현하고 있다.

"의식화되지 못한 기억은 꿈속에서

전치(displacement)되어,

현실에서 본 것과는

다른 모습으로 나타날 수 있다."

지그문트 프로이드

2. 미움

●

형들의 곡식단이 내 곡식단에 절을 한다.
내가 이 꿈 이야기를 되뇔 때마다 형들은 화를 냈다.

마치 아무것도 모르는 듯 순진한 모습으로
신경을 툭툭 건드리는 내가 마음에 들지 않는다며,
언젠가는 그들의 족장이 될지도 모르는 나의 존재를
형들은 견디기 힘들어했다.

해와 달과 열한 별을 보았다.
그 모든 것이 나에게 절을 했다.
두 번째 꿈 이야기는 더욱 더 형들을 화나게 했다.
형들보다 높아지고 싶은 욕망이
꿈 이야기 속에 담겨있다며
형들은 모멸감에 몸을 떨었다.

"죽여서 시체를 웅덩이에 넣어버리자.

그리고 들짐승에게 죽었다고 하자."

집에서 며칠을 걸어야 갈 수 있는 낯선 도단 땅에서
형들의 손에 붙잡혀 옷이 벗겨지고, 빈 구덩이 안으로
던져졌다.
'살려달라'고 애원하던 나의 목소리를 끝내 듣지 않던
냉혹함, 그것은 아주 오래전부터 형들 사이에 있었던
미움의 본능이었다.

성경 코칭노트

레위와 시므온 같은 요셉의 형제들은 하나님을 예배하는 야곱의 자녀들임에도 살인과 모략 등을 저지르며 이방인들과 조금도 다를 것 없는 인생을 살았다. 그들은 함께 있을 때 더욱더 유아기적이고 충동적으로 행동했다.

이스라엘의 지도자인 아버지 야곱이 없는 자리에서 형들은 요셉을 죽이고 그 사실을 은폐하려다가 큰 아들 르우벤이 돌아와 만류하자 은 이십을 받고 노예로 팔기로 했다. 형제살인의 범죄를 만류했던 르우벤마저도 후에 아버지의 첩이었던 빌하와 간통하는 잘못을 저질렀다.

형들과는 다르게 요셉은 정직하고 성실하게 살아왔으며, 옳지 못한 일을 거절할 수 있는 분명한 기준을 가지고 성장하였다. 형들은 세상과 구별된 가치를 추구하며 살아가는 요셉이 불편하고 싫었다. 요셉이 꾸었던 꿈 이야기는 아버지의 신뢰를 얻고 있는 요셉이 형들을 제치고 야곱의 뒤를 이어 지도자가 될지도 모른다는 불안을 느끼게 했다.

"건강하게 우월성을 추구할 수 있게

해주어야 한다.

열등감은 발전하기 위한

좋은 동기가 될 수 있다."

알프레드 아들러

3. 유산

●

아버지는 십사 년 동안 품꾼으로 일했다.
그것은 어머니를 위한 결혼 지참금이었다.
아버지가 값을 치른 만큼
어머니는 귀한 사람으로 여겨졌다.

빈손으로 일으킨 아버지의 기업은 믿음의 유산이었다.
먼 땅에서 빈손이 되었을 때,
아주 오래전부터 쌓아온 지혜의 이야기들이
가족의 역사가 되어 나와 함께 있었다.

나는 혼자였지만 혼자가 아니었다.
노예로 살아가던 날들의 기약 없는 고통은,
잊고 있던 이야기들을 나와 함께 살아 숨 쉬게
만들었다.

노예가 되어서야 알게 되었다.

다른 사람이 나를 어떻게 대하든 나는 나였다.
빈손으로 몇 번을 다시 일어나서
이전보다 나은 인생을 살았던 아버지와 할아버지들의
오래된 이야기들은 여전히 내 뒤에 있었다.

성경 코칭노트

요셉은 십삼 년 동안 이집트 사회에서 가장 낮은 신분인 노예로 살았다. 요셉의 아버지 야곱도 밧단아람에서 품꾼이 되어 십사 년 동안 임금을 받지 못하고 살았었다. 야곱은 가나안 땅의 대부호였던 아브라함과 이삭의 재산을 하나도 이어받지 못했지만, 믿음의 유산만으로 모든 것을 새롭게 일으켰다. 요셉은 야곱보다 더 비참한 상태가 되었지만 하나님과 함께하는 믿음의 유산 안에 있었다.

요셉은 노예가 되어서도 하나님과 함께 믿음의 길을 걸을 수 있었다. 고립되고 상처받은 기억들이 요셉을 낙심하게 만들지 못했다. 요셉은 어디에 있든 무엇을 하든 올바른 목표를 가졌고, 인생의 방관자가 아닌 자발적이고 책임감 있게 행동하는 건강한 생활양식을 가졌다.

"게슈탈트의 투사는 선택된 것이다.

자신 안에 있는 것을 인식하지 못하고

그것이 다른 사람의 것이라고

책임성을 회피하는 것이다."

프린츠 펄스

4. 모함

●

나는 주인의 신뢰를 얻어
보디발 온 집의 가정 총무가 되었다.
모든 것이 이전보다 좋아지고 있던 어느 날,
주인의 아내가 동침을 요구했다.
나는 옷을 버려두고 그곳을 뛰쳐나왔다.

사자의 입 속에 머리를 넣으며
물지 않기를 바라는 것은 어리석은 일이었다.

"소리를 질렀더니 옷을 버려두고 도망쳤어요."

단호한 거절에 대한 처절한 복수였다.
모함은 진실을 꺼트릴 수 없었다.
주인의 아내를 탐한 노예는 반드시 죽어야 했다.
하지만 보이지 않는 곳에서의 정직이
나의 생명을 지켜주었다.

성경 코칭노트

요셉은 옳지 않은 요구를 하는 보디발의 부인에게 그것은 죄가 되는 일이라고 분명하게 선을 그었고, 그러한 일이 반복되자 결국 옷을 벗어놓고 도망을 갔다.

요셉은 보디발의 아내가 올바른 생각을 할 수 있도록 깨우쳐주고 싶었지만 성결함을 추구하는 요셉의 기준은 보디발의 아내에게 이해되지 않는 것이었다. 보디발의 아내는 자신을 거절하고 수치심을 느끼게 한 요셉을 죽이기 위해 그를 모함했다.

놀랍게도 그녀는 자신이 저지른 음행이 요셉의 것이라고 주장하였다. 그것은 요셉을 죽이기 위한 계획적인 모함이었지만 동시에 자신의 잘못마저도 요셉에게 떠넘기려는 '인지적 왜곡'이기도 했다. 악은 우리의 생각보다 더 교묘하고 치밀하게 우리의 관계 안에 존재하고 있다.

"상징은 영적인 의미를 만들어내는

해석의 도구이다."

칼 구스타프 융

5. 관리들의 꿈

●

포도나무가 있다.

세 개의 가지에서 싹이 나고 꽃이 피고 포도가 열렸다.

포도즙을 내어 파라오에게 바쳤다.

술 맡은 관원장의 꿈은,

사흘 뒤에 모든 것이 밝혀져

파라오 앞에서 다시 잔을 올리게 되는 꿈이었다.

빵이 담긴 세 개의 바구니가 있다.

파라오에게 바칠 가장 위에 있는 빵을

새들이 날아와 먹어 버렸다.

떡 굽는 관원장의 꿈은,

사흘 뒤에 모든 것이 밝혀져

죽음을 맞이하게 되는 꿈이었다.

모든 꿈의 해석은 하나님에게 있었다.

그리고 그들도 알고 있었다.

아무도 보지 않는 공간에서
그들이 했던 모든 일을,
숨길 수 없는 진실과 감정을,
꿈은 알고 있었다.

성경 코칭노트

어린시절 요셉은 하나님이 주시는 꿈을 꾸었지만 무의식적인 꿈을 의식적인 언어로 해석하지 못했다. 노예생활을 하고 죄수가 되어서 감옥에 있는 동안 요셉은 응집된 경험들이 어떻게 꿈으로 표현되는지, 그리고 꿈의 해석이 오직 하나님께 있음을 인정하는 겸손함을 배웠다.

요셉이 들었던 술 맡은 관원장의 꿈과 떡 굽는 관원장의 꿈에는 상징들이 등장한다. 요셉에게는 현실과는 다르게 모습을 바꾸어서 꿈에 등장하는 상징들이 무엇을 의미하는지 상황에 맞게 해석할 수 있는 재능이 있었고, 요셉은 그 꿈들의 해석을 통해 자기 자신이 아닌 하나님이 드러나게 하였다.

하나님이 요셉에게 주신 재능들은 요셉이 하나님 앞에서 겸손히 순종할 때에 온전한 것이 되었다.

"사닥다리의 꿈은

상승과 진전을 상징한다."

칼 구스타프 융

6. 벧엘의 꿈

•

나의 아버지는 도망자였다.
고향을 떠나 밧단아람으로 가던 길에
돌베개를 베고 잠이 들었다.

사다리가 있다.
하나님의 사자들이 그 위에서 오르락내리락한다.
그 위에 서있는 하나님이 아버지를 축복한다.
그것은 아버지의 강렬한 열망이었고,
꿈속에서 일어난 현실이었다.

아버지는 가족들을 떠나야 했지만
하나님은 아버지를 떠나지 않았다.
아버지는 오랜 세월 밧단아람에 머물면서
이제는 속지도 속이지도 않는
변화된 인생을 살게 되었다.

성경 코칭노트

젊은 시절 야곱은 목적을 이루기 위해 거짓말과 속임수를 사용하는 정직하지 못한 사람이었다. 아버지와 형을 속이고 장자의 축복까지 속임수로 빼앗았지만 그것은 하나님의 뜻에 따라 하나님과 함께하는 인생이 축복임을 알지 못해서 저지른 실수였다. 정직한 하나님이 주시는 축복을 정직하지 못한 방법으로 빼앗을 수 있다고 생각했던 어리석음이기도 했다.

야곱이 이삭의 뒤를 이어 이스라엘의 족장이 되었던 것은 그가 어머니의 뱃속에 있던 때부터 하나님이 그를 선택하여 어머니 리브가에게 미리 알려주신 일이었다. 야곱은 잘못과 실수를 했지만 그럼에도 불구하고 하나님은 야곱을 선택하고 축복하신 것이다.

사닥다리의 꿈은 야곱의 인생을 이끌어가는 상징이 되었고 하나님과 함께하는 영성의 근본이 되었다. 야곱은 비록 돌베게를 베고 노숙하는 신세였지만, 인생전체를 통해 그 이상적인 모습과 점점 일치되어 갔다. 그 이

후에 야곱은 다른 사람을 속이지도 속지도 않는 새로운 모습으로 변화되었다.

그것은 요셉도 마찬가지였다. 요셉이 꿈에서 보았던 곡식단과 해, 달, 별이 자신에게 절을 하는 꿈은 결국 요셉의 모습과 일치되어 갔다. 하나님 안에는 요셉의 비참한 현실의 모습을 보상해줄 수 있는, 그가 태어나기 전부터 계획된 그의 모습이 있었다.

"꿈은 경험을 통합할 수 있도록

기회를 제공하는 것이다."

칼 구스타프 융

7. 파라오의 꿈

●

나일 강가에서 아름다운 소 일곱 마리를 보았다.
강에서 나온 야위고 못생긴 소들이 살진 일곱 마리
소를 잡아먹는다.
일곱 마리 살진 소를 잡아먹었는데도 그들은 여전히
야위고 못생겼다.

잘 자란 이삭 일곱 개가 있다.
동쪽에서 불어오는 뜨거운 바람에 야위고 마른 일곱
이삭이 솟아 나온다.
야윈 이삭들이 살진 이삭들을 잡아먹는다.

파라오의 꿈은 상징들로 가득했다.
그것은 자신이 다스려야 할 이집트의 모든 영역을
포함하고 있었다.

칠 년 동안 풍년이 오고,

곧이어 칠 년 동안 흉년이 오게 되어,
온 땅이 가뭄으로 메마르게 될 것을
하나님이 정하셨다는 꿈이었다.

하나님 외에는 누구도 그 꿈을 알 수 없었다.
모든 것이 하나님이 정하신 일이었기 때문이다.
모든 생명은 하나님의 것이기 때문이다.

성경 코칭노트

요셉은 파라오의 꿈 이야기를 듣고 해석하면서, 하나님이 알려주시는 것 외에는 앞으로 일어날 일을 알려고 하지 않는 경건한 태도를 가졌다. 요셉은 놀라운 재능을 가지고 있으면서도 자기 자신이 아닌 하나님만 드러나길 원했다.

시간이 지날수록 요셉은 성숙하고 지혜로운 사람이 되어갔다. 요셉의 지혜는 인간의 한계를 넘어서게 되었고, 그의 성숙하고 정결한 마음은 하나님의 지혜를 담을 수 있는 그릇으로 쓰여졌다.

"개인은 사회와 공동체와 분리될 수 없고

나누어질 수 없는 존재이다."

알프레드 아들러

8. 파라오의 반지

●

그때 나는 이방인 노예이고 죄수였다.
그러나 하나님의 권능이 나와 함께했고,
많은 생명을 구하기 위해 모든 것이 변하였다.

"지혜롭고 현명한 사람에게 이집트 땅을 맡기십시오.
풍년 동안 이집트 식물의 오분의 일을
거두어들이십시오."

나는 파라오의 꿈을 해석하고
새로운 깨달음을 행동에 옮기도록 조언했다.

"그대만큼 지혜롭고 현명한 사람은 없소. 나는
그대에게 내 왕궁을 맡기오. 그대보다 높은 사람은
나밖에 없소."

파라오의 도장이 찍힌 반지가 나의 손에 끼워졌다.

파라오의 도장이 찍히는 순간 그것은 파라오의 결정이 되었다.

내일을 기대하며 지나간 일들을 흘려보내는, 열매가 풍성한 인생으로 이제야 다시 돌아갈 수 있었다.

성경 코칭노트

요셉은 이집트에 다가오고 있는 재앙을 하나님의 시선으로 바라보고 많은 생명을 살릴 수 있는 방법을 알려주었다. 파라오는 요셉을 '사브낫바네아'라고 불렀다. 세상의 구원자이고 비밀을 계시하는 사람이라는 의미였다.

그리고 요셉은 이집트에서 두 아들을 얻게 되었다. 첫째 아들의 이름은 '잊어버림'이라는 뜻으로 므낫세라고 지었다. 두 번째 아들은 '열매가 풍성하다'는 뜻으로 에브라임이라고 불렀다. 새로운 생명을 얻는 기쁨은 요셉의 마음속 깊은 곳에 머물러있던 마음속 고통을 잠시 잊어버릴 수 있게 해주었다.

"어릴 적 대상관계가 치료현장에서

재연될 수 있어야 한다."

멜라니 클라인

9. 재연

●

파라오의 꿈처럼
칠 년의 풍년이 끝나자 칠 년의 흉년이 시작되었다.
많은 사람들이 곡식을 얻기 위해 이집트로 몰려왔다

생명은 무엇과도 바꿀 수 없는 귀한 가치였다.
그 생명을 지켜야 할 책임이 나에게 있었다.

곡식을 구하러 온 이방인들 중에
열 명의 형들이 있었다.
이십 년이 지났지만
형들을 한 눈에 알아볼 수 있었다.

열일곱 살의 어느 날 꾸었던 꿈에서처럼
추수한 곡식들 앞에서
형들이 나에게 절을 한다.

그때 알게 되었다.

해와 달과 열한 별이 고개를 숙였던

하나님의 계획도 내 삶에서 이루어졌다는 것을.

성경 코칭노트

어느 날 요셉은 곡식을 구하러 온 이방인들 속에서 열 명의 형들을 만나게 되었다. 요셉은 형들이 했던 일들을 그대로 대갚아줄 수 있는 힘이 있었지만 열일곱 살에 꾸었던 꿈을 다시 기억해내고 하나님의 뜻을 먼저 생각해보았다.

　요셉이 지난 시간들을 되돌아보니, 하나님은 마치 아무 힘도 없는 것처럼 요셉을 고통의 시간 속에 내버려 둔 것 같을 때가 있었다. 하지만 요셉에게 고통을 주었던 악한 힘들은 하나님이 주신 꿈을 조금도 바꾸지 못했다.

"공감은 감정을 확인하고

만나게 하는 것이다."

칼 로저스

10. 없어져 버린 동생

●

"너희들은 이 나라의 약점을 알아내려고 온
정탐꾼이다."

형들은 이집트 총리가 된 나를 알아보지 못했다.

"우리는 가나안 땅에 살고 있는 한 아버지의
아들입니다. 막내 동생은 아버지와 함께 있고 다른
동생은 없어졌습니다."

형들이 노예로 팔았던 나는
그저 없어져 버린 동생으로 기억되고 있었다.
형들을 삼 일 동안 감옥에 가두었다.
그들은 가나안으로 돌아가서 막내 동생을 데려와야 했다.

그리고 기억 속에서 지우고 싶었던 없어져 버린
동생에 대한 숨겨진 진실을 마주해야만 했다.

성경 코칭노트

가뭄으로 곡식을 얻을 수 없게 되자 많은 나라들이 칠 년 동안 모아놓은 이집트의 곡식을 탐내기 시작했다. 요셉은 그 모든 것을 대비해 곡식을 저장해 놓은 곳들을 굳게 지키던 상황이었기 때문에 정탐꾼으로 의심받은 형들은 반드시 자신들의 신분을 밝혀야 했다.

요셉의 형들은 정탐꾼이 아니라는 것을 증명하기 위해 가나안 땅에 있는 가족 이야기를 하게 되었다. 요셉은 형들을 감옥에 가두고 형들 중 한 사람이 가나안 땅으로 돌아가서 동생 베냐민을 데리고 오면 감옥에서 풀려나게 해주겠다고 약속했다.

그렇게 형들은 삼 일 동안 감옥에 갇혔다.

"날카롭게 찌르는 자가 있어도

하나님을 두려워하는 마음으로

성급하고 과격한 행동을 억제한다면

거기서 신자의 인내가 나타난다."

존 칼뱅

11. 고통의 소리

●

"돌아가서 굶주린 식구들에게 먹을 것을 주어라.
그 후에 막내 동생을 데리고 오너라."

동생을 데리고 오는 것보다
굶주린 가족들을 살리는 일이 먼저였다.

"우리는 살려 달라고 애원하는 동생의 말을 듣지
않았어. 그래서 지금 우리가 이런 고통을 당하고
있는거라고."

형들은 자기들이 나에게 행했던 일들이
자기들에게 되돌아와 자기들을 해칠까 두려웠다.
형들이 보지 않는 곳에서 나는 울었다.

오래 참은 눈물 속에는
침묵하며 견뎌왔던 고통의 시간들이 담겨있었다.

성경 코칭노트

형들은 도단의 구덩이 속에서 울며 애원하던 요셉을 수십 년이 지난 후에야 떠올리며 그의 고통의 소리를 듣게 되었다. 그리고 살려달라고 애원하는 동생을 노예로 팔아버린 범죄에 대한 하나님의 심판을 두려워하게 되었다. 칼뱅의 이야기처럼 하나님을 예배하면서도 사람이 보지 않는 곳에서 거침없이 범죄를 저지르던 교만이 꺾이고, 심판대 앞에 놓인 자신들의 처지에 절망하게 된 것이다.

    요셉은 형들을 심판할 수 있는 위치에 있으면서도 자기 자신의 감정과 상관없이 생명을 살리는 일에 우선순위를 두는 성숙한 모습을 보여주었다. 요셉에게 있어서 생명을 살리는 일은 무엇보다 소중한 가치이고 사명이었다.

"건강한 가치관을 통해서

사회적 관심을 증대시켜야 한다."

알프레드 아들러

12. 되찾은 식탁

●

"하나님께서 은혜 베푸시기를 바란다."

막내 동생의 얼굴 속에
그리운 아버지와 어머니의 모습이 담겨있다.

코끝이 시큰해지고 눈물이 난다.
자리를 피해 한참을 다시 울었다.

순서대로 형제들을 앉히고
배고픈 그들을 먹이고 쉬게 하였다.
미워하면서도 문득 그리워지는 형들에 대한,
조건없이 주어진 하나님의 선물이었다.
가족들과 함께 식탁에 앉아 있다는 것은
오래도록 꿈꾸던 행복 그 자체였다.
이제 다시는 함께 식탁에 앉은 형제들을
잃어버리고 싶지 않았다.

성경 코칭노트

요셉은 둘째 형 시므온만 감옥에 가두고 나머지 형들은 곡식을 싣고 가나안으로 돌아가게 했다. 곡식을 사려고 가져온 돈은 형들의 자루 속에 다시 집어넣었다. 요셉의 형들은 가져갔던 곡식이 떨어질 때쯤 베냐민과 함께 이집트로 돌아왔다. 요셉의 기억 속에 어린아이로 남아있던 막내 동생 베냐민은 어느새 건장한 청년이 되어 있었다.

　요셉은 식사자리에서 형제들을 나이 순서대로 자리에 앉게 했다. 그들은 열한 명이나 되었지만 어릴 때부터 함께 자란 요셉에게 그것은 어려운 일이 아니었다. 미워하면서도 그리워지는 형들 앞에서 요셉은 고민했다. 거짓과 폭력은 야곱의 형제들 사이에서 다시는 반복되어서는 안 되는 일이기 때문이었다.

　형들의 범죄에 대한 요셉의 심판은 심판을 위한 심판이 아니었다. 형들이 잘못을 뉘우치고 다시 함께 식탁에 앉을 수 있기 위한 하나님의 채찍질이었고, 가족공동체의 회복을 위해 반드시 필요한 일이었다.

"집단 응집력이란

어떤 끌리는 힘, 결속력, 소속감 등을

의미한다."

어빈 얄롬

13. 요셉의 은잔

●

"짐 속에서 은잔이 발견된 그 사람만이 내 노예가 될 것이다."

떠나는 형제들의 자루에 곡식을 가득 채워주고,
막내 동생의 자루에는 은잔을 넣어두었다.
그들은 은잔을 훔친 도둑이 되어 다시 내 앞에 서게 되었다.

형들은 다시 한번 도단의 구덩이 앞에 섰다.
막내 동생을 버리고 도망간다면 그들에게 주어진
두 번째 기회는 사라져버릴 것이다.

"제발 저를 남겨 두어 노예로 삼으시고,
그 아이는 형들과 함께 집으로 돌아가게 해 주십시오."

넷째 형 유다가 막내 동생 대신에 노예가 되겠다고

말한다. 막내 동생이 노예가 되는 일에 형제들 모두 책임감을 느꼈다. 그것은 분명 나를 노예로 팔았던 잘못에 대한 깊은 후회였다.

성경 코칭노트

도단의 구덩이에 요셉을 던져 넣던 형제들에게 오랜 세월이 지난 후 다시 한번 선택의 순간이 찾아왔다. 이전과는 다르게 형제들은 눈에 보이지 않는 관계의 끈으로 연결되어 있었다. 베냐민이 받아야 할 벌을 대신 받으려는 유다의 결심에는 요셉을 노예로 팔았던 잘못에 대한 깊은 후회도 함께 있었다.

칼뱅이 이야기한 것처럼 하나님 앞에서 처절하게 절망하며 통회 자복한 사람은 하나님이 살아 계시다는 것을 믿음으로 하나님의 선하심에 의지하여 용기를 회복하게 되는 것이다. 그것은 단지 자신이 저지른 잘못에 대한 반성을 넘어서서 하나님을 향해 살고자하는 의지를 담고 있기 때문이다.

"콤플렉스를 나의 한 부분으로

일체화하는 것이 콤플렉스를 넘어서게 한다."

칼 구스타프 융

14. 이스라엘

●

"저와 아이들의 어머니와 아이들까지 해치지 않도록 해 주십시오."

어린 시절 길고 긴 여행을 떠난 적이 있다.
그것은 내가 태어난 고향을 떠나
아버지의 고향으로 가는 것이었다.

고향 땅을 밟는 아버지는 두려움에 떨고 있었다.
아버지의 속임수로 분노했던 큰아버지 에서는
사백 명을 이끌고 아버지에게 다가오고 있었다.

우리를 먼저 보내고 아버지는 얍복 나루에 혼자
남았다.
그날 밤 아버지는 어떤 사람과 밤새도록 씨름을 했다.
엉덩이뼈가 부러지는 순간에도 아버지는 그 사람을
놓지 않았다.

아버지가 비명대신 외쳤던 것은 하나님과 함께하는
축복이었다.
아버지는 절름발이가 되었지만 그날 밤,
수십 년간 싸워온 불안을 벗어버릴 수 있었다.

성경 코칭노트

라반과의 전쟁을 피해서 다시 고향 땅으로 들어오게 된 야곱은 또 다른 걱정에 잠을 이루지 못했다. 자신의 거짓 말과 속임수에 화가 났던 형 에서를 만나야 했기 때문이 다. 야곱은 라반에게 속으며 살았던 이십 년의 시간 동안 에서가 얼마나 아프고 힘들었는지 알 수 있게 되었다.

야곱은 많은 선물들을 여러 무리로 나누어 먼저 보내고 얍복 나루에 혼자 남았다. 그날 밤 야곱은 어떤 사람과 밤새도록 씨름을 했는데, 그 사람은 야곱의 엉덩이뼈를 쳐서 어긋나게 하였다. 엉덩이뼈가 부러지는 순간에도 야곱은 그 사람을 놓지 않고 끈질기게 붙잡고 있었다. 야곱은 고통으로 비명을 지르는 대신에 축복을 하지 않으면 놓지 않겠다고 그 사람을 더 붙들었다.

엉덩이뼈가 부러지면서도 야곱이 간절하게 바라던 것은 아브라함에서 이삭에게로 이어져 온 하나님의 축복이었다. 야곱은 엉덩이뼈가 부러지면서 절름발이가 되었다. 이제 힘으로는 다른 사람을 이길 수 없게 되었지만,

하나님은 야곱이 씨름에서 이긴 것이라고 말씀해주셨다. 그리고 야곱의 이름을 이스라엘로 바꾸어주셨는데, 이것은 '하나님과 겨루어 이겼음'이라는 뜻이다.

"부모가 자녀에게

올바른 돌봄과 행동을 하는 경우

좋은 심리적 유산을 물려받게 된다."

이반 보스조르메니 나쥐

15. 용서의 기억

●

하나님의 축복은 거짓말과 속임수로
얻을 수 있는 것이 아니었다.
아버지는 하나님의 축복을 받기 위해
형님을 속인 일로 괴로워했다.

아버지는 마치 노예가 된 것처럼 많은 사람들이 보는
앞에서 큰아버지에게 일곱 번 절을 했다.
아무리 낮아져도 하나님이 떠나지 않는다는 것을
나는 알게 되었다.

마음속으로부터 변화된 아버지의 모습을 보고
딱딱하게 굳어있던 큰아버지의 마음까지
눈물과 함께 녹아내리기 시작했다.
큰아버지도 대갚아주려는 마음을 버리고
땅에 엎드린 아버지를 끌어안고 함께 울기 시작했다.

아버지는 오랜 시간동안 조금씩
어제보다 나은 사람이 되어갔다.
그리고 잘못에 대해 용서를 구할 줄 아는
성숙한 어른이 되어 있었다.

성경 코칭노트

야곱은 이미, 하나님이 함께하는 아브라함과 이삭의 축복 속에 있었다. 그것은 하나님이 먼저 야곱을 부르시고 선택하셨기 때문에 주어진 것이었다. 하나님이 함께하는 야곱의 인생에는 희망이 있었다.

하나님과 함께한다는 것은 모든 상황에 태연해지는 것이 아니다. 칼뱅이 말한 것처럼 죽음 앞에서 여전히 공포가 느껴지고 빈곤 앞에서 여전히 치욕스러울지라도 살아있는 하나님을 두려워함으로 과격해지는 마음이 평온을 찾을 수 있는 것이다. 고통 속에서도, 괴로움과 근심 속에서도 하나님에 대한 확신으로 희망을 잃지 않는 것이다.

"회개란 우리의 생활을
하나님 쪽으로 전향하는 일이며,
그를 순수하게 또 진지하게
두려워하기 때문에 생기는 전향이다."

존 칼뱅

16. 용서

●

나의 마음은 수십 년 전 구덩이 속에서 울고 있던
열일곱 소년으로 되돌아가 있었다.

"내가 형님들이 이집트에 노예로 팔았던 요셉입니다.
이제는 저를 이곳에 판 일로 마음 아파하지 마세요.
하나님께서 저를 형님들보다 먼저 이곳으로 보내셔서
사람들의 생명을 구하게 하신 것이니까요."

나는 형제들을 품에 안고 함께 울며
그들을 진정시켜 주었다.
나는 비로소 형들을 용서했다.

그것은 나의 용서였지만,
동시에 하나님의 용서이기도 했다.
많은 생명을 살리기 위한 하나님의 계획 속에는
나의 오래된 상처의 회복 또한 포함되어 있었다.

아버지의 집에 속한 모든 사람들은
이집트의 총리인 나의 보호 안으로 들어오게 되었다.
이렇게 열일곱에 꾸었던 두 번째 꿈도 이루어지게
되었다.

성경 코칭노트

요셉은 오래전 잘못을 마음속 깊이 뉘우치고 있는 형들을 용서하기로 했다. 도단의 구덩이에서 쏟아내지 못했던 오래된 눈물을 형들 앞에서 쏟아내며 울기 시작했다. 요셉의 눈물은 마음속 고통들을 밖으로 쏟아내는 회복의 눈물이었다. 한참을 울고 난 후에 요셉은 그때서야 히브리말로 이야기하며 두려워하는 형들을 안심시켰다. 형들이 느꼈던 하나님을 향한 두려움은 오히려 그들을 하나님께로 돌아올 수 있게 만들었다.

    요셉은 야곱의 온 집안 식구들이 이집트로 올 수 있도록 다시 형들을 돌려보냈다. 수나귀 열 필에 이집트의 물품을 싣고 암나귀 열 필에는 곡식과 떡과 양식을 실려 야곱에게로 보냈다. 야곱의 집에 속한 모든 사람들은 이집트의 총리인 요셉의 품 안으로 들어오게 되었다.

"마음의 병은 영혼에 불순물이 들어왔을 때

그것과 싸우는 표식이다."

안톤 보이슨

17. 하나님의 깊은 뜻

●

많은 생명을 살리는 반짝이는 모습의 어른이 되어서야
아버지를 다시 만나게 되었다.

오래전 우리에게 주어진 하나님의 약속이 있었다.
이제 생육하고 번성하며 큰 민족을 이루게 하겠다는
하나님의 약속이 이집트 땅에서 이루어지고 있었다.

비옥한 땅에 사는 것을 축복으로 생각했던
이집트 사람들은 가축을 기르는 일을 싫어했다.
가축을 기르는 고센 땅은 이스라엘의 땅이 되었다.

이스라엘은 구별되어
하나님만 예배하는 큰 민족을 이루게 되었다.

내가 걸었던 모든 길 위에 우연은 없었다.

성경 코칭노트

아브라함과 이삭과 야곱의 가문에 약속했던, 생육하고 번성하며 큰 민족을 이루게 하겠다는 하나님의 약속은 요셉의 때에 이집트 땅에서 이루어지고 있었다. 야곱은 그의 모든 소유를 이끌고 이집트로 들어오게 되었다. 야곱과 요셉은 서로를 끌어안고 한참을 함께 울었다.

이집트 사람들 대부분은 농부였다. 비옥한 땅에 사는 것을 축복으로 생각했던 그들은 가축을 기르는 일을 싫어했다. 목축을 할 수 있는 고센 땅은 자연스럽게 야곱과 그의 자녀들의 땅이 되었다. 그 땅에서 이스라엘 백성들은 이집트 사람들과 섞이지 않고 큰 민족을 이룰 때까지 신앙의 순수성을 지키며 살아갈 수 있게 되었다.

"부모와의 관계 경험은

하나님 표상에 대한 기초를 제공한다."

애너 마리아 리주토

18. 하나님의 CEO

●

칠 년의 가뭄 후
이집트는 이전과 다른 나라로 변화되었다.

온 이집트에서 모든 곡식은
나를 통해서만 구할 수 있었다.

곡식과 바꿀 수 있는 모든 돈과 가축은
파라오의 것이 되었다.
얼마 지나지 않아 그들은
자신들의 땅을 팔고 스스로 종이 되었다.

나에게 중요한 것은 하나님의 뜻을 이루는 것이었다.
종이 된 이집트 백성들의 생명을 살리기 위해
그들의 땅에서 다시 일할 수 있게 해주었다.
희망이 있는 그들은 종이었지만 종이 아니었다.
그것은 생명을 사랑하는 하나님의 경영이었다.

성경 코칭노트

 칠 년간의 가뭄은 곡식을 저장해 두었던 이집트를 이전과 다른 나라로 변화시켰다. 온 이집트 땅에서 곡식을 구할 수 있는 방법은 요셉을 통해 저장된 곡식을 사는 방법밖에 없었다. 얼마 지나지 않아서 이집트의 모든 돈과 가축은 파라오의 것이 되었다. 그리고 돈과 가축이 떨어지게 되자 이집트 백성들은 요셉에게 몰려와 자신들의 땅을 팔고 스스로 종이 되었다.

 요셉은 종이 된 이집트 백성들의 생명을 살리기 위해 그들의 땅에서 다시 보수를 받으며 일할 수 있게 해주었다. 요셉이 나누어 준 씨앗을 땅에 뿌리고 거둔 곡식들의 오분의 일만 파라오의 소유가 되게 하고, 나머지는 모두 그들이 쓸 수 있게 했다. 요셉은 어린 시절부터 아버지 야곱의 소유에 대해 진실한 마음으로 그것들을 돌보았다. 마치 아버지 야곱을 대하듯 자신이 섬기는 모든 주인들과 그들의 소유에도 동일한 마음을 가졌는데, 그것은 곧 요셉이 하나님을 대하는 태도였다.

"인간의 무의식은 지상에서의 삶이

끝난다는 사실을 인식하기 어렵다."

엘리자베스 퀴블로 로즈

19. 하나님의 함께하심

●

"요셉의 힘은 야곱의 전능하신 하나님에게서 오고,
그의 능력은 이스라엘의 바위이신 목자에게서 온다."

아버지의 마지막 축복, 그것은 믿음의 선물이었다.

시간이 흐르고 나의 인생을 되돌아보게 되었을 때
하나님과 함께하는 것이야말로
축복이라는 것을 알게 되었다.

하루하루를 살아가면서
하나님의 뜻이 무엇인지 알 수 없을 때도 많았지만,
지나고 나서 돌아보면,
인생의 모든 순간들에 하나님의 인도하심이 있었다.

그래서 하나님과 함께하던 이 세상이 끝난 후에도
나는 여전히 하나님과 함께 살아가게 될 것을 믿을 수

있었다.

천국은 이미 아브라함과 이삭과 야곱 그리고 어머니 라헬이 있는 그리운 장소가 되어 있었다.

그곳은 눈에 보이지 않지만 늘 나와 함께 계셨던 하나님을 만날 수 있는 곳이었다.

성경 코칭노트

요셉은 이집트의 총리로 백십 살까지 살면서 이집트를 세상에서 가장 부유한 나라로 만들었다. 그가 살아있는 동안 야곱의 가문에 속한 모든 사람들은 이집트 땅에서 번성할 수 있었다. 야곱은 이집트에서 요셉의 품에서 죽었고 가나안 땅에 묻혔다.

지나온 인생을 되돌아볼 때, 인생의 모든 순간에 우연은 없었다. 하나님의 허락 없이는 아무것도 일어나지 않았다. 고통스러운 한 사건에 대한 하나님과 사람의 뜻은 달랐다. 형들은 시기와 질투로 요셉을 노예로 팔았고, 보디발의 아내는 복수를 하기 위해 모함을 했지만, 하나님은 요셉을 많은 생명을 살리는 이집트의 총리로 세우기 위해 그 모든 일을 허락하셨다. 형들이 악한 마음으로 요셉에게 행한 일들이 오히려 요셉을 선하게 인도했지만, 범죄가 미덕이 될 수는 없었다. 마지막까지 회개하지 않고 악한 일을 행한 자들은 하나님의 심판을 받을 것이고, 하나님은 하나님의 일을 이루실 것이다.

"우리가 하나님의 섭리를 생각할 때,

번영할 때에는 감사한 마음을,

역경 속에서는 인내를,

미래에 대한 우려에서는

놀라운 자유를 얻게 된다."

존 칼뱅

20. 아브라함과 이삭과 야곱 그리고 나의 하나님

●

"나에게 주어진 모든 길을 걸었다."

"언젠가 이스라엘의 자손들이 이집트를 떠나
가나안으로 돌아갈 날이 오겠지만, 나는 하나님이
정하신 때와 시간을 알 수 없다."

"단지 그 시간에 이루실 하나님의 역사를 믿음의
눈으로 바라볼 뿐이다."

지금은 작은 가문에 불과한 이스라엘의 자손들이
하늘의 별들처럼 많은 족속이 되어 약속의 땅으로
퍼져나가는 미래의 모습이 요셉의 눈에 그려졌다.
사백 년의 시간이 더 흘렀다.
처음 이집트에 들어올 때는 백 명도 채 되지 않던
야곱의 자손들은 이집트 땅에서 큰 민족을 이루었다.

이스라엘을 두려워하던 이집트 사람들은 이스라엘 사람들을 종으로 삼아 고통을 주었지만, 하나님의 시간이 되자 그 백성 중에 모세가 태어났다.

모세는 어린 시절부터 아브라함과 이삭과 야곱의 하나님을 믿었다. 그리고 이집트의 위대한 총리 요셉의 이야기를 들으며 자라났다.

성경 코칭노트

모세가 태어나고 자랐던 이집트 땅의 모든 신들은 눈에 보이는 형상을 가지고 있었다. 이집트 사람들은 밤이 되면 태양신이 암흑 세상에서 거대한 뱀과 싸워서 이긴다고 생각했다. 매일 아침 떠오르는 태양은 이집트 사람들에게 태양신이 이겼다는 증거가 되었던 것이다.

그러한 생각들이 세상을 지배하고 있던 이집트 한복판에서 하나님을 믿는 모세는 매일 아침 뜨는 태양이 하나님이 만드신 것이라는 사실을 알고 있었다. 아브라함, 이삭, 야곱 그리고 요셉의 인생을 축복했던 하나님이 이 세상 끝날까지 그들의 후손들과도 함께하실 것을 믿었다.

아브라함, 이삭, 야곱과 함께했던 하나님은 요셉의 인생을 주관하셨다. 하나님은 수백년 후의 모세에게서도, 다시 수천 년 후의 우리들에게도, 예수 그리스도를 믿는 세상 모든 자들에게도 여전히 동일하게 살아계신 분이시다.

에필로그

"하나님은
요셉뿐 아니라 우리들 역시
불행에서 행복으로,
하인에서 통치자로,
곤궁에서 부유함으로
이끌어주실 수 있는 분이다.

어떠한 상황 속에서도 절망하지 말고
하나님만을 두려워하며,
하나님의 자비를 기다리면
반드시 구원의 손길이 뻗쳐올 것이다."

박기주

1. 예수님은 "일곱 번을 일흔 번까지"라도 용서해야 한다(마 18:22)고 말씀하셨다. 그리고 만 달란트 빚을 탕감받고도 백 데나리온 빚진 자를 용서하지 못하고 감옥에 넣어 버리는 악한 종을 책망하는 비유를 말씀하셨다. 하나님에게 용서받은 그리스도인들에게 용서는 선택할 수 있는 것이 아니다. 어떠한 경우든 우리는 용서의 길을 걸어야만 한다.

우리가 용서에 관하여 한 번 더 생각해봐야 할 것은 형제가 죄를 범했을 때 첫 번째로 그 사람과 상대하여 권고하고, 듣지 않으면 두세 증인의 입으로 말마다 확증하고, 그들의 말도 듣지 않거든 이방인과 세리와 같이 여기라(마18:15-17)는 예수님의 말씀이다. 무한대의 용서를 이야기하면서 동시에 돌이키지 않는 범죄에 대해 분명한 경고를 하고 있는 것이다. 스스로 죄를 깨닫고 돌이켜 회개하며 용서를 구하는 자에게 하나님은 무한한 용서를 선포하고 있지만, 의도적으로 반복하는 죄에 대해서는 단호하게 대처하는 모습을 보여주고 있는 것이다.

성경은 그리스도인들이 심판을 위한 심판을 하는 것을 허락하지 않는다. 잘못을 저지른 형제에게 돌이킬 수 있는 기회를 주되 선한 의도가 왜곡되어 전달되지 않도록 요셉처럼 지혜롭게 교훈을 전달하는 것이 오늘날 우리들에게 주어진 과제일 것이다.

2. 인류의 시작을 담고 있는 창세기의 마지막 부분은 요셉 덕분에 죄가 아닌 용서와 사랑으로 아름답게 마무리된다. 아브라함과 이삭과 야곱의 뒤를 이어받은 요셉은 당대 최고의 정치가이자 CEO이며, 무엇보다 신앙인이었다. 그리고 누구보다 자기 자신의 감정에 솔직하게 용서의 문제를 풀어낸 지혜자이기도 했다.

이스라엘 역사에서 가장 영향력 있는 리더로 성공한 요셉이었지만, 그의 놀라운 성공마저도 자신을 노예로 팔았던 형들에 대한 용서를 쉬운 문제로 만들어주지는 않았다.

요셉은 감정적으로 용서되지 않는 형들에게 두 번째 기회를 주었다. 만일 요셉의 용서가 패배자인 형들에 대한 동정심에 근거했다면, 그의 용서는 완전해지지 못했을 것이다. 요셉은 심판의 상황 속에서도 막내 동생 베냐민이 노예가 되는 재현상황을 만들어주면서 형들 스스로 잘못을 돌이킬 수 있는 기회를 주었다.

형들이 자신들이 노예로 팔아버린 요셉 사건에 대

해 죄책감을 느끼고, 막내 동생 베냐민을 위해 스스로 노예가 되겠다고 결심했을 때, 요셉은 오래된 감정의 회복과 함께 하나님의 긍휼함으로 형들을 용서할 수 있었다.

온전한 용서는 인간의 힘으로 할 수 있는 일이 아니기 때문에 우리는 하나님을 의지할 수밖에 없다. 요셉은 잊혀지지 않는 억울한 사건에 대한 하나님의 심판을 인정하고, 이 사건을 하나님의 깊은 뜻으로 재해석하는 과정을 통해 이전보다 더 깊이 하나님을 신뢰할 수 있게 되었다. 요셉을 노예로 팔아버린 사건은 요셉에 대한 형들의 시기, 질투, 미움, 분노가 동기가 되었지만, 동시에 요셉을 성숙시키고 준비시켜서 많은 생명을 구원하고자 하는 하나님의 깊은 뜻이 숨어 있었던 것이다.

요셉을 노예로 팔아버린 사건에 대해 형들이 회개하지 않았다면, 그들에 대한 하나님의 분명한 심판이 있었을 것이다. 하나님은 형들의 악한 동기까지 합력하여 선을 이루실 수 있는 분이셨다. 우리는 그러한 하나님의 공의로운 심판과 선하심을 신뢰함으로써 감정과 상관없는 무조건적인 용서에 대해 이야기 할 수 있다.

죽기까지 우리를 먼저 사랑하신 하나님의 사랑에 감동하여 용서를 선포하는 것에는 인간적인 모든 심판을 하나님의 공의에 맡기는 믿음이 포함되어 있다.

3. 오래전 소천하신 필자의 아버지는 자녀들을 교육할 때에 '옳고 그름'이라는 이분법적인 사고가 아니라 더 큰 시각으로 세상을 바라보기를 바라셨다.

언젠가 성경에 기록된 율법에 대해 설명해주시면서 "율법은 심판이 목적이 아니라, 이스라엘의 행복과 번영과 복지를 위해 주신 것이다. 너희들이 지혜의 힘으로 성공할 뿐 아니라 하나님을 두려워하고, 요셉처럼 다른 사람들의 잘못을 용서해 줄 수 있는 현인(賢人)이 되었으면 좋겠다."고 이야기하셨다. 아버지는 말씀하셨다.

"하나님은 요셉뿐 아니라 우리들 역시 불행에서 행복으로, 하인에서 통치자로, 곤궁에서 부유함으로 이끌어주실 수 있는 분이다. 어떠한 상황 속에서도 절망하지 말고, 하나님만을 두려워하며 하나님의 자비를 기다리면 반드시 구원의 손길이 뻗쳐올 것이다."

하나님은 가장 절망적인 상황 속에서도 선을 이끌어낼 수 있는 능력있는 분이라는 가르침이었다.

4. 하나님에 대한 분명한 신뢰가 있을 때 우리는 우

리가 살아가는 동안 경험하게 되는 거절과 고통에 대해서 새로운 시각을 가지게 된다.

자녀들을 양육할 때 부드럽게 수용해줘야 할 때도 있지만 때로는 단호하게 거절해야 할 때도 있다는 것을 우리는 잘 알고 있다. 자녀들이 옳은 방향으로 가고 있을 때 연약함으로 실수하는 부분에 대해서는 무한한 사랑으로 허물을 덮어줄 수 있지만, 자녀들이 잘못된 방향으로 가고 있는데도 그것을 깨닫지 못할 때는 단호한 거절과 경고를 해야 한다.

거절하는 것 역시 또 하나의 사랑이라면, 무조건적인 용서와 옳은 방향으로 인도하기 위한 책망은 병행될 수 있다. 왜냐하면 그것은 죄인에게 다시 시작할 수 있는 기회를 주시는 하나님의 방법이기 때문이다.